ENTIENDE TU
Mente y Tu Cuerpo

Autismo

AJ Knight

Explora otros libros en:
WWW.ENGAGEBOOKS.COM

VANCOUVER, B.C.

↗ WWW.ENGAGEBOOKS.COM

Autismo: Entiende Tu Mente y Tu Cuerpo
Lee, Ashley 1995 –
Texto © 2024 Engage Books
Diseño © 2024 Engage Books

Editado por: A.R. Roumanis and Sarah Harvey
Diseño por: Rose Gowsell Pattison
Consultora: Heather Romero - Consejera de
Niños, Jóvenes y Familias

Texto establecido en Montserrat Regular.
Títulos de capítulo establecidos en Hobgoblin.

PRIMERA EDICIÓN / PRIMERA IMPRESIÓN

Este libro no pretende reemplazar el consejo de un profesional médico ni ser una herramienta para el diagnóstico. Es una herramienta educativa para ayudar a los niños a entender por lo que ellos u otras personas están pasando.

Foto de Selena Gomez por Mikey Hennessy. Foto de Elliot Page por Elliot Page. Foto de Chris Evans por Gage Skidmore. Se ha hecho todo esfuerzo razonable para contactar a los titulares de los derechos de autor de todo el material reproducido en este libro.

LIBRARY AND ARCHIVES CANADA CATALOGUING IN PUBLICATION

Title: Autism: Understand Your Mind and Body Level 3 reader / AJ Knight
Names: Knight, Alyssa J, 1995- author

Identifiers: Canadiana (print) 20200308874 | Canadiana (ebook) 20200308912
ISBN 978-1-77476-776-4 (hardcover)
ISBN 978-1-77476-777-1 (softcover)
ISBN 978-1-77476-779-5 (pdf)
ISBN 978-1-77476-778-8 (epub)
ISBN 978-1-77878-104-9 (audio)

Subjects:
LCSH: Autism—Juvenile literature.
LCSH: Autism in children—Juvenile literature.

Classification: LCC BF723.A4 J66 2023 | DDC J152.4/7—DC23

This project has been made possible in part by the Government of Canada.

Canadá

Índice

El autismo no es ni una enfermedad ni una afección. Cualquier persona puede tener autismo.

¿Qué es el Autismo?

El autismo afecta al cerebro. Las personas con autismo se comunican, socializan, y piensan de forma diferente a las que no tienen autismo. El autismo también es llamado "Trastorno del Espectro Autista" (TEA).

Usar palabras como **alto o bajo funcionamiento** puede ser perjudicial y no preciso. Es mejor hablar sobre el tipo de apoyo que una persona necesita. Por ejemplo, algunas personas pueden necesitar ayuda en lugares con muchas personas.

PALABRA CLAVE

Alto o bajo funcionamiento: Antes se usaba para decir cuánta ayuda podría necesitar una persona autista.

Estar "en el espectro autista" significa que el autismo es diferente en cada persona.

¿Qué Causa el Autismo?

Las personas autistas nacen con él. Los signos de autismo se pueden notar antes de los tres años. No hay nada malo con las personas autistas.

El autismo puede ser heredado de tus padres.

Cada persona con autismo es única. Las personas autistas siempre tendrán autismo. Ser autista es solo otra forma de existir como persona.

El autismo NO es causado por:
· Medicamentos
· Mala crianza
· Alimentos
· Una infección

¿Cómo Afecta el Autismo a tu Cerebro?

Los cerebros autistas pueden ser más grandes y pesados que los cerebros no autistas. Algunas partes del cerebro tienen más conexiones. Otras partes del cerebro tienen menos conexiones.

Los cerebros autistas son aproximadamente un 3 por ciento más grandes que los cerebros no autistas.

El **cerebro** y el **cerebelo** son diferentes en las personas autistas. Las personas autistas pueden ponerse de pie o moverse de manera diferente que las no autistas. Los niños con autismo generalmente tienen menos control sobre sus tobillos, rodillas y caderas.

Cerebro:

Parte del cerebro que nos ayuda a pensar, movernos y entender el lenguaje.

Cerebelo:

Parte del cerebro que nos ayuda a hablar y controlar nuestros movimientos.

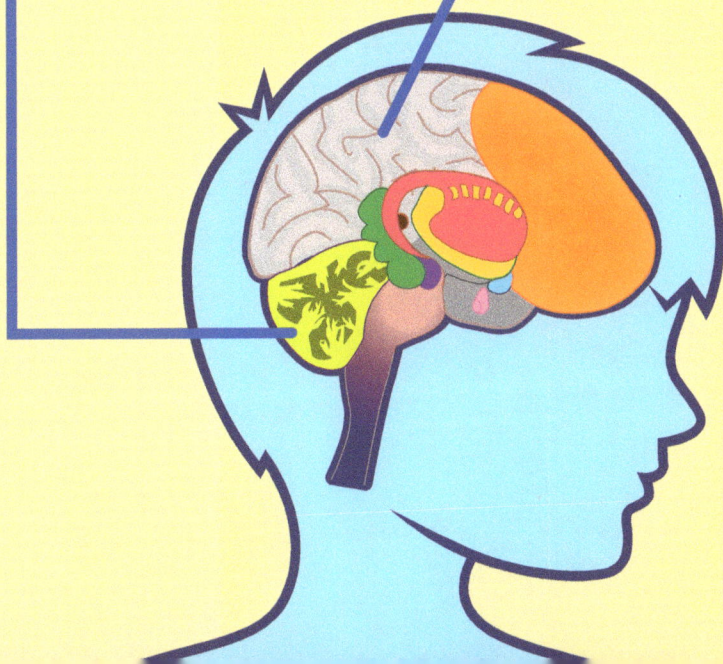

¿Cómo Afecta el Autismo a tu Cuerpo?

Los bebés con autismo pueden necesitar más tiempo para comenzar a caminar y hablar. Algunas personas autistas pueden caminar de puntillas o encorvarse. El **Stimming** es común entre las personas autistas.

Stimming: Hacer movimientos o sonidos repetidos para permanecer tranquilos o concentrados.

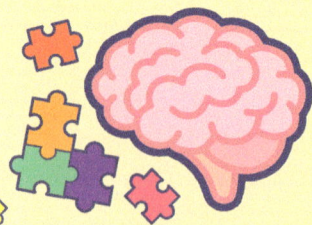

Algunas personas con autismo tienen los sentidos más desarrollados que las que no lo tienen. Los sonidos fuertes, las multitudes o la ropa áspera pueden sentirse muy bien o muy incómodos. Algunas personas autistas pueden ser **no verbales**.

PALABRA CLAVE

No verbal: incapacidad para comunicarse hablando.

Hay cosas que puedes hacer cuando te sientes abrumado. Esto incluye hacer stimming y utilizar auriculares o lentes de sol.

¿Cómo se Siente tener Autismo?

Muchas personas con autismo sienten que son diferentes a los demás. Pueden notar cosas que nadie más percibe. Las personas con autismo a menudo tienen **intereses especiales**.

PALABRA CLAVE

Intereses especiales: cosas que te apasionan mucho y en las que te puedes enfocar durante mucho tiempo.

Muchas personas autistas dicen que a veces se sienten como si no fueran de este planeta en comparación con otras.

El estrés puede provocar crisis o bloqueos. Una crisis es cuando te pones enojado o molesto. Un bloqueo es cuando te quedas inmóvil.

¿Cómo se Diagnostica el Autismo?

Los médicos y **psicólogos** pueden ayudar a las personas de cualquier edad a descubrir si son autistas. Te harán muchas preguntas sobre tu vida y cómo te sientes y piensas sobre las cosas.

PALABRA CLAVE

Psicólogos: profesionales entrenados que pueden ayudar a las personas a entender y cambiar cómo se comportan.

A veces, no se notan los signos del autismo, y eso hace que algunas personas no reciban la ayuda que necesitan. Las niñas con autismo suelen usar el **enmascaramiento** para parecerse a los demás.

PALABRA CLAVE

Enmascaramiento: esconder los comportamientos para que no te diferencies demasiado de los demás.

Pedir Ayuda

Las personas con autismo viven en un mundo que está hecho para quienes no tienen autismo. Piensa en la forma en que te comunicas mejor con los demás. Pedir ayuda puede ser diferente en cada persona con autismo.

Pedir ayuda puede ser complicado. Pero es muy importante! Busca a un adulto en quien puedas confiar y hablar sobre cómo te sientes.

"Todos en la escuela parecen encajar excepto yo. ¿Puedes ayudarme?"

"Mi amigo Avery tiene autismo y creo que yo también podría tenerlo. ¿Cómo podemos descubrir si soy autista?"

No me siento cómodo en lugares con mucha gente o con luces muy brillantes. ¿Hay algo malo en mí?

Cómo Ayudar a Otros con Autismo

Nunca obligues a alguien a hablar sobre su autismo. Si deciden contarte, sé un buen oyente. No cuestiones si alguien realmente es o no autista.

La forma en que cada persona experimenta el autismo será diferente. Lo mejor que puedes hacer es escuchar!

Recostarse debajo de una manta pesada puede ayudar cuando están pasando por una crisis.

No te asustes si alguien está teniendo una crisis. Déjales hacer sus movimientos especiales y dales espacio. Nunca les impidas hacer su stimming. Si esos movimientos les hacen daño, busca a un adulto que les ayude a encontrar otra manera de sentirse mejor.

La Historia del Autismo

La palabra autismo se usó por primera vez en 1908. En 1938, el Dr. Leo Kanner escribió sobre sus jóvenes pacientes. Eran muy inteligentes, pero tenían un "poderoso deseo de soledad". Llamó a su condición "autismo **infantil** temprano". Incentivo a los adultos para que trataran a los niños autistas con amabilidad.

PALABRA CLAVE

Infantil: algo que normalmente pasa cuando eres bebé o muy pequeño.

En 1944, un doctor de Austria llamado Hans Asperger escribió sobre un tipo más leve de autismo. En 1981, muchas personas con autismo fueron diagnosticadas con algo llamado síndrome de Asperger. A algunas personas no les gusta la palabra Asperger porque Hans Asperger ayudó al gobierno alemán durante la Segunda Guerra Mundial. Hoy en día, ya no se diagnostica a las personas con síndrome de Asperger.

El nombre Trastorno del Espectro Autista (TEA) fue usado por primera vez en 2013. El TEA incluye todo tipo de personas autistas. Algunas personas están empezando a usar el nombre de Condición del Espectro Autista (ASC) porque el autismo no es un trastorno.

Superhéroes del Autismo

No todos quieren hablar sobre su autismo. Haz lo que te haga sentir bien y respeta las decisiones de los demás. Aquí hay algunos superhéroes del autismo que están dispuestos a compartir sus historias y experiencias sobre el autismo.

Hannah Gadsby fue diagnosticada con autismo cuando ya era adulta. Siempre se había sentido diferente y tenía dificultades para entender las señales sociales. A esta comediante le encanta conectar con una sala llena de personas y hacerlas reír.

Armani Williams fue diagnosticado con autismo a los dos años. Se enamoró de las carreras de auto cuando era un niño y se unió a la NASCAR cuando tenía 16 años. Armani quiere inspirar a otras personas con autismo a perseguir sus sueños.

Greta Thunberg es famosa en todo el mundo por su lucha en favor del medio ambiente. Más de cuatro millones de personas de 161 países se unieron a Greta en una protesta por el clima. Ella llama a su autismo un "poder especial" y motiva a muchos otros autistas.

Consejo Número 1 para el Autismo: Cuidado Personal

Cuidar de ti mismo puede ser complicado si tienes autismo. Los olores muy fuertes o cosas con texturas extrañas pueden ser incómodos. Encuentra formas que te ayuden a sentirte bien!

Puedes llevar un registro de cómo te sientes. Ayuda a saber qué sonidos, sensaciones u olores son difíciles para ti. De esa manera, puedes crear una rutina de cuidado personal solo para ti!

Si ducharte te es difícil, prueba a tomar un baño. Si cepillarte los dientes es complicado, prueba diferentes tipos de cepillos. Además, intenta usar un temporizador! Saber que pronto terminará puede ayudar.

Si te cuesta recordar hacer algo, crea un horario. Coloca un calendario en la nevera. Hazlo tan detallado como quieras y añade recompensas!

Consejo Número 2 para el Autismo: Hacer Tu Vida Amigable con el Autismo

Cada persona con autismo es única. Saber qué te ayuda es la clave para hacer que tu vida sea más amigable con el autismo!

Aquí tienes algunas ideas para que tu vida sea más amigable si tienes autismo:

1. Haz un lugar seguro al que puedas ir cuando lo necesites.

2. Usa juguetes para realizar stimming.

3. Configura temporizadores cuando realices cosas que no te gustan hacer.

4. Date tiempo para disfrutar de tu interés principal.

5. Usa audífonos si el ruido te molesta.

6. Si vas a ir a un lugar nuevo, averigua un poco sobre el antes de ir.

Consejo Número 3 para el Autismo: Relacionarse con los Demás

Uno de cada 44 niños en los Estados Unidos tiene autismo. Eso es alrededor de 1.7 millones! Busca otros niños autistas cerca de ti o pide a un adulto que busque encuentros virtuales.

Encontrar un grupo de personas como tú puede ser útil y divertido. Puedes hacer nuevos amigos y descubrir cosas nuevas sobre ti mismo.

Cuestionario

Pon a prueba tu conocimiento sobre el autismo respondiendo las siguientes preguntas. Las preguntas se basan en lo que has leído en este libro. Las respuestas están listadas en la parte inferior de la siguiente página.

1 ¿A Qué parte del cuerpo afecta el autismo?

2 ¿El autismo es causado por medicamentos?

3 ¿Qué es el stimming?

4 ¿Qué significa no verbal?

5 Nombra a un superhéroe del autismo.

6 ¿Cuántos niños en Estados Unidos tienen autismo?

Explora Otros Libros de Nivel 3

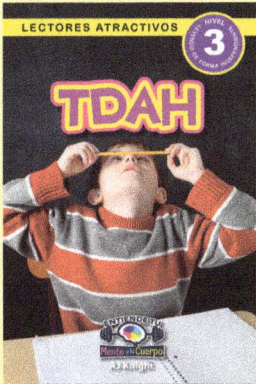

LECTORES ATRACTIVOS | NIVEL 3

TDAH

AJ Knight

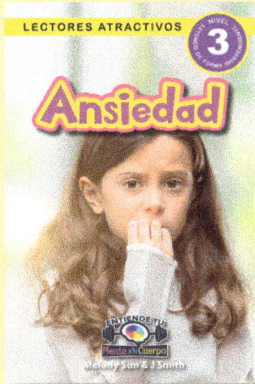

LECTORES ATRACTIVOS | NIVEL 3

Ansiedad

Melody Sun & J Smith

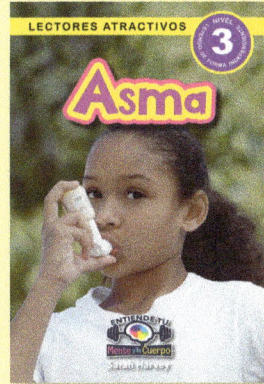

LECTORES ATRACTIVOS | NIVEL 3

Asma

Sarah Harvey

LECTORES ATRACTIVOS | NIVEL 3

Diabetes

Kit Caudron-Robinson

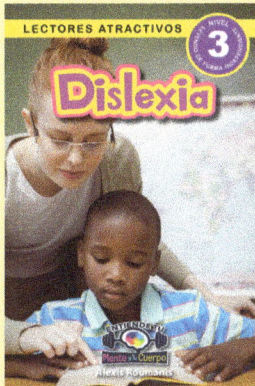

LECTORES ATRACTIVOS | NIVEL 3

Dislexia

Alexis Roumanis

LECTORES ATRACTIVOS | NIVEL 3

Imagen Corporal

Ashley Lee & J Smith

LECTORES ATRACTIVOS | NIVEL 3

Obesidad

Kit Caudron-Robinson

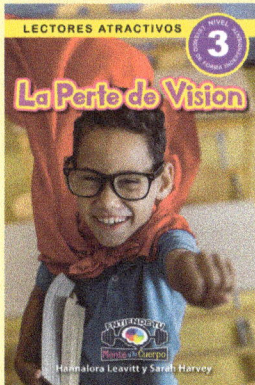

LECTORES ATRACTIVOS | NIVEL 3

La Perte de Vision

Hannalora Leavitt y Sarah Harvey

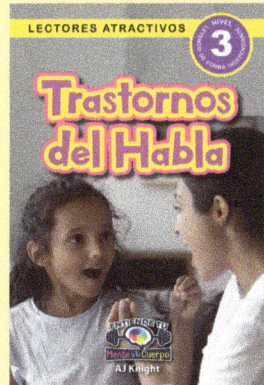

LECTORES ATRACTIVOS | NIVEL 3

Trastornos del Habla

AJ Knight

Visita www.engagebooks.com/readers

Respuestas: 1. El cerebro 2. No 3. Hacer movimientos o sonidos repetidos para mantenerse tranquilo o concentrado 4. Incapacidad para comunicarse hablando 5. Hannah Gadsby, Armani Williams, Greta Thunberg 6. Uno de cada 44 niños, aproximadamente 1.7 millones